BEI GRIN MACHT SICH IHR WISSEN BEZAHLT

- Wir veröffentlichen Ihre Hausarbeit, Bachelor- und Masterarbeit

- Ihr eigenes eBook und Buch - weltweit in allen wichtigen Shops

- Verdienen Sie an jedem Verkauf

Jetzt bei www.GRIN.com hochladen und kostenlos publizieren

Bibliografische Information der Deutschen Nationalbibliothek:

Die Deutsche Bibliothek verzeichnet diese Publikation in der Deutschen Nationalbibliografie; detaillierte bibliografische Daten sind im Internet über http://dnb.d-nb.de/ abrufbar.

Dieses Werk sowie alle darin enthaltenen einzelnen Beiträge und Abbildungen sind urheberrechtlich geschützt. Jede Verwertung, die nicht ausdrücklich vom Urheberrechtsschutz zugelassen ist, bedarf der vorherigen Zustimmung des Verlages. Das gilt insbesondere für Vervielfältigungen, Bearbeitungen, Übersetzungen, Mikroverfilmungen, Auswertungen durch Datenbanken und für die Einspeicherung und Verarbeitung in elektronische Systeme. Alle Rechte, auch die des auszugsweisen Nachdrucks, der fotomechanischen Wiedergabe (einschließlich Mikrokopie) sowie der Auswertung durch Datenbanken oder ähnliche Einrichtungen, vorbehalten.

Impressum:

Copyright © 2014 GRIN Verlag, Open Publishing GmbH
Druck und Bindung: Books on Demand GmbH, Norderstedt Germany
ISBN: 9783668609068

Dieses Buch bei GRIN:

https://www.grin.com/document/385942

Anonym

Kooperatives Lernen als Schlüssel für erfolgreichen Unterricht?

GRIN Verlag

GRIN - Your knowledge has value

Der GRIN Verlag publiziert seit 1998 wissenschaftliche Arbeiten von Studenten, Hochschullehrern und anderen Akademikern als eBook und gedrucktes Buch. Die Verlagswebsite www.grin.com ist die ideale Plattform zur Veröffentlichung von Hausarbeiten, Abschlussarbeiten, wissenschaftlichen Aufsätzen, Dissertationen und Fachbüchern.

Besuchen Sie uns im Internet:

http://www.grin.com/

http://www.facebook.com/grincom

http://www.twitter.com/grin_com

Inhalt

1. Grundgedanken zu kooperativem Lernen 2
2. Ausgewählte Voraussetzungen für erfolgreiches kooperatives Lernen nach Konrad und Traub 4
    2.1 Bereitschaft des Lernenden 4
    2.2 Zusammenstellung einer kompetenten Gruppe 4
    2.3 Lernziele 5
    2.4 Aufgabenstellung 5
    2.5 Anreizstruktur 6
3. Lerneffektivität durch kooperatives Lernen anhand verschiedener Theorien 6
    3.1 Motivationale Theorie 6
    3.2 Kognitive Theorie 7
4. Darstellung von Schwierigkeiten durch ausgewählte Phänomene 8
5. Persönliche Erfahrungen aus dem Schulalltag 9
6. Fazit 10
Quellenverzeichnis 11

1. Grundgedanken zu kooperativem Lernen

In den letzten Jahren sind durch Veränderungsprozesse wie beispielsweise der Globalisierung und der sich ständig verändernden Lebenswelt neue Anforderungen und Qualifikationen an alle Beteiligten im Schulalltag entstanden. Kooperationsfähigkeit, Flexibilität und Selbständigkeit gewinnen nicht nur zunehmend an Bedeutung, sondern stellen Schlüsselkompetenzen sowohl für Lehrende als auch für Lernende dar. Durch die Einführung der Gemeinschaftsschule hat ein Wandel der Schüler- und Lehrerrolle an allen Schulformen begonnen: den Lernenden wird von Beginn an mehr Eigenverantwortung und Selbststeuerung zugeschrieben. Des Weiteren wird aktive Mitarbeit vorausgesetzt, um den Unterricht produktiv zu gestalten. Für die Lehrenden bedeutet dies, dass sich neue soziale Interaktionsformen im Schulalltag manifestieren. Ein Beispiel hierfür stellt das kooperative Lernen dar (vgl. Konrad, Traub 2012, S.14f.).

Die Basis jeglicher Lernprozesse ist die Kommunikation und die gegenseitige Anregung. Aus diesem Grundgedanken leiten Konrad und Traub (2012) folgende Definition für kooperatives Lernen ab:

> „Kooperatives Lernen bezeichnet eine Interaktionsform, bei der die beteiligten Personen gemeinsam und in wechselseitigem Austausch Kenntnisse und Fertigkeiten erwerben. Im Idealfall sind alle Gruppenmitglieder gleichberechtigt am Lerngeschehen beteiligt und tragen gemeinsam Verantwortung" (Konrad, Traub 2012, S.5).

Einige zentrale Merkmale sind charakteristisch für diese Lernform:

- Um gemeinsam erfolgreich zum Ziel zu gelangen, muss jedes Gruppenmitglied einen Beitrag leisten. Ist dies nicht der Fall, entstehen Konsequenzen für die gesamte Lerngruppe. Wird ein gemeinsames Lernziel erreicht, kann dies die Zusammengehörigkeit in der Gruppe stärken. Durch diese gegenseitige Abhängigkeit und Interaktion lernen alle Beteiligten füreinander Verantwortung zu übernehmen.
- Gegenseitige Rückmeldungen, kritische Anregungen und Reflexionen intensivieren die Zusammenarbeit. Die Schüler/-innen haben so die Möglichkeit, ihre Sichtweise auf das Thema zu erweitern und Schwierigkeiten aus dem Weg zu räumen.

- Das eigenverantwortliche Handeln stärkt Führungskompetenzen sowie Fähigkeiten, Konflikte zu lösen und Entscheidungen zu treffen.
- Durch Analyse der bisherigen Gruppenaktivitäten lassen sich eigenständig Verbesserungsvorschläge durch Schüler/-innen und Lehrkräfte für die Zukunft erarbeiten.

(vgl. Konrad, Traub 2012, S.6f.)

Die Einteilung der Klasse in Gruppen genügt jedoch nicht, denn kooperatives Lernen setzt Struktur in Vorbereitung, Durchführung und Nachbereitung voraus. Die Schüler/-innen sind dazu angehalten, in jeglicher Form am Unterricht teilzuhaben, damit „soziales und kognitives Lernen sowie Persönlichkeits- und Wissenszuwachs" in gleichem Maße erreicht werden können (Berntzen, Westermann 2010, S.24). Um diese soeben dargestellten Ziele zu erreichen, ist die Methodenwahl ausschlaggebend. Aus diesem Grund werden im Folgenden zwei Beispiele erläutert:

- Die Jigsaw-Methode (auch: Gruppenpuzzle):

  Es werden Kleingruppen gebildet, in denen jede/r Schüler/in eine Teilaufgabe (Puzzleteil) erhält und dadurch zum Experten innerhalb der Gruppe wird. Über die anderen Teilaufgaben der Gruppe besitzt die Schülerin/der Schüler keine Kenntnisse. Die jeweiligen Experten derselben Teilaufgabe bilden nun eine Expertengruppe, in der sie besprechen, wie sie ihren Gruppenmitgliedern den Lerninhalt bestmöglich vermitteln können. Zuletzt kommen die Schüler/-innen wieder in ihren Stammgruppen zusammen, um ihr Wissen an die Gruppenmitglieder weiterzugeben, damit sich aus den einzelnen Puzzleteilen ein komplettes „Bild" ergibt (Schnebel 2003, S. 143).

- Die Gallery-Tour:

  In handlungsorientiertem Unterricht gestalten die Schüler/-innen in Gruppenarbeit ein Handlungsprodukt wie zum Beispiel ein Plakat. Im Anschluss an die Arbeitsphase werden diese im Klassenzimmer aufgehängt, damit die anderen Schüler/-innen Einblick in die Ergebnisse aller Gruppen erhalten. Nach einem ersten Rundgang durch das Klassenzimmer präsentiert jede Gruppe ihr Handlungsprodukt (Berntzen, Westermann 2010, S. 24).

  Sollten die Gruppenaktivitäten in angemessener Form organisiert sein, können laut diverser Studien eine Vielzahl positiver Effekte auftreten. Diese betreffen

„verschiedene affektive, kognitive, motivationale und soziale Verhaltensdimensionen" (Webb/Palincsar 1996, Dann/Diegritz/Rosenbusch 1999 in: Berntzen, Westermann 2010, S.23).

2. Ausgewählte Voraussetzungen für erfolgreiches kooperatives Lernen nach Konrad und Traub

Kooperatives Lernen führt nicht zwangsläufig zum Erfolg, da mehrere in Wechselwirkung auftretende Bedingungen erfüllt werden müssen. Im Folgenden werden wesentliche dieser Faktoren näher beschrieben.

2.1 Bereitschaft des Lernenden

Grundvoraussetzung für einen effektiven Lernprozess in der Schule ist das individuelle Interesse am Thema. Dies ist auch für das kooperative Lernen entscheidend, denn nur wenn motivationale Aspekte gegeben sind, steht weniger die Belohnung im Vordergrund als der Erfolg der Gruppe. Auch die Lehrkraft spielt eine bedeutende Rolle wenn es um die Aktivierung der Bereitschaft der Klasse geht. Entscheidend ist, dass die Lehrperson die Klasse über die Intention des kooperativen Lernens informiert. Dadurch bekommen die Schüler/-innen Verantwortung übertragen und werden sich ihrer Position innerhalb der Gruppe bewusst. Somit wird deutlich, dass jedes Gruppenmitglied einen wichtigen Teil zum Gesamterfolg beisteuert. Infolgedessen entsteht nach Robert Slavin (1993) im Optimalfall eine Stärkung des Gemeinschaftsgefühls sowie gegenseitige Wertschätzung (vgl. Konrad, Traub 2012, S. 51f).

2.2 Zusammenstellung einer kompetenten Gruppe

Die Gruppenzusammensetzung ist von großer Bedeutung und muss von der Lehrperson gründlich durchdacht sein. Durch die vorhandene Heterogenität in der Klasse treffen verschiedene Individuen aufeinander, was sich sowohl positiv als auch negativ auf die Zusammenarbeit auswirken kann.
Unterschiede zwischen den Schüler/-innen sind sowohl im Vorwissen als auch im kognitiven Bereich zu finden. Es muss darauf geachtet werden, dass kein sogenannter „Schereneffekt", wie ihn Renkl (1996) bezeichnet, entsteht: die Stärkeren übernehmen den Großteil der Aufgaben und vergrößern ihr Wissen,

wohingegen die Schwächeren kaum Wissenszuwachs verzeichnen können (vgl. Konrad, Traub 2012, S.55f.) Hier spielen soziale Fähigkeiten eine wesentliche Rolle, die Konrad und Traub (2012) wie folgt beschreiben:

„Wenn die Lernenden ihre Rolle im kooperativen Geschehen erkennen und dies zu einer angemessenen Aufgaben- bzw. Rollenverteilung führt, können sie besser kooperativ Lernen" (Konrad, Traub 2012, S.54).

Die Lehrperson muss sich bewusst machen, ob es ihr in der jeweiligen Gruppenarbeit mehr auf die Entwicklung sozialer Fähigkeiten und Fertigkeiten oder auf die schnelle Erarbeitung positiver Ergebnisse ankommt (vgl. Konrad, Traub 2012, S.57).

2.3 Lernziele

Kooperatives Lernen erfordert viel Zeit und muss daher gut durchdacht und zielgerichtet sein. Es „ist nur dann die ideale Lernform, wenn über den Wissenserwerb hinaus auch soziale Kompetenzen [und kognitive Fähigkeiten] erreicht werden" (Konrad, Traub 2012, S.58). Die Lernform ist besonders geeignet, wenn es darum geht, die mündliche Mitarbeit der Schüler/-innen anzuregen, da sie in Kleingruppen meist weniger Hemmungen haben sich zu äußern als vor der gesamten Klasse. Auch zur Wiederholung bereits erworbener Sachverhalte ist das kooperative Lernen angemessen, da die Gruppenmitglieder vom gegenseitigen Wissensaustausch profitieren können (vgl. Konrad, Traub 2012, S.57f.).

2.4 Aufgabenstellung

Ein weiteres Grundgerüst kooperativer Lernformen ist die Aufgabenstellung. Diese muss so formuliert sein, dass jedes Gruppenmitglied unabhängig seines Leistungsstandes in der Lage ist, an der Gruppenarbeit aktiv teilnehmen zu können. Nach Eilenberg et al. (1998) kann man drei konkrete Anforderungen an die Aufgabe stellen:

- Die Aufgabe sollte keine Möglichkeit zum Alleingang bieten, sondern nur in Zusammenarbeit zu bewältigen sein.

- Damit der Ehrgeiz der Gruppenmitglieder geweckt wird, sollte die Aufgabe die Interessen der Schüler/-innen miteinbeziehen.
- Die Teilaufgaben sollten voneinander abhängig sein, damit alle Beteiligten der Gruppe zu einem gegenseitigen Austausch verpflichtet sind.

(vgl. Konrad, Traub 2012, S.59)

2.5 Anreizstruktur

Die Schüler/-innen sind in klassischen Unterrichtssituationen stets bemüht sich bei der Lehrkraft von ihrer besten Seite zu zeigen, um eine gute Benotung zu erzielen. Aufgrund dessen besteht die Gefahr, dass stärkere Schüler/-innen oftmals kein Interesse daran haben, ihren schwächeren Mitschüler/-innen unter die Arme zu greifen. Kooperative Arbeitsformen können dem durch gewisse Anreizstrukturen vorbeugen. Darunter versteht man vor allem den aus der Gruppenarbeit hervorgehenden Lernerfolg (nach Renkl, Mandl 1995 in Konrad, Traub 2012, S.63). Dafür ist es wichtig, dass bei der Evaluation nicht nur die individuelle Leistung, sondern der gesamte Prozess der Zusammenarbeit bewertet wird.

3. Lerneffektivität durch kooperatives Lernen anhand verschiedener Theorien

3.1 Motivationale Theorie

„ Motivationale Theorien gehen davon aus, dass kooperatives Lernen effektiv ist, weil die Unterrichtsform die Lernmotivation steigert" (Schnebel 2003, S.118).

Schüler/-innen arbeiten besonders motiviert, wenn eine gemeinsame Zielperspektive innerhalb der Gruppe vorhanden ist. Somit ist der Erfolg jedes Einzelnen abhängig vom Gesamterfolg der Gruppe. Als ein methodisches Beispiel nennt Slavin (1996) die Gruppenrallye, in welcher die Leistungsbewertung der Gruppe auf der Grundlage des individuellen Fortschritts jedes Einzelnen basiert. Diese Kombination gewährleistet, dass jedes Gruppenmitglied einen Beitrag leisten muss und als „Puzzleteil" für das

Gesamtbild notwendig ist (vgl. Schnebel 2003, S.118).

Ein weiterer motivationaler Ansatz stellt die soziale Kohäsion dar. Das Wort Kohäsion (aus dem Lateinischen: *cohaerere* = *zusammenhängen*) bedeutet im bildungssprachlichen Gebrauch innerer Zusammenhalt (Duden o.D.). In Bezug auf die soziale Kohäsion spiegelt sich dieser innere Zusammenhalt insofern wieder, „daß Schüler einander beim Lernen helfen, weil sie sich umeinander kümmern und einander Erfolg wünschen" (Huber 1993, S.155). Dieses Gemeinschaftsgefühl in der Gruppe ist ausschlaggebend für die Motivation, als Beispiel hierfür kann das Kleinprojekt in Gruppen verwendet werden.

3.2 Kognitive Theorie

Eine Alternative zur motivationalen Theorie stellt die kognitive Theorie dar. Diese besagt, dass durch das kooperative Lernen eine Leistungssteigerung der Schüler/innen erfolgt, da durch die Interaktion kognitive Prozesse angeregt werden. Dabei kann zwischen zwei Ansätzen unterschieden werden (vgl. Huber 1993, S.158).

In der Entwicklungstheorie geht Slavin (1996) davon aus, dass durch die unterschiedlichen Sicht- und Denkweisen der Schüler/innen während der Interaktion kognitive Differenzen entstehen. Die Aufgabe der Lernenden besteht darin, diese Disparitäten durch gegenseitigen Austausch zu begleichen. Zudem haben sie die Möglichkeit, ihre Sichtweisen um die ihrer Klassenkameraden/-innen zu erweitern (vgl. Schnebel 2003, S.119).

Um neu erworbenes Wissen mit bereits vorhandenem vernetzen zu können, müssen die Schüler/innen einen Prozess „kognitiver Umstrukturierung oder Elaboration" (Huber 1993, S.160) vornehmen. Dies ist Gegenstand der kognitiven Elaborationstheorie. Als besonders förderlich erweist sich dabei die Methode des gegenseitigen Erklärens, bei der alle Beteiligten voneinander profitieren (vgl. Schnebel 2003, S.120).

4. Darstellung von Schwierigkeiten durch ausgewählte Phänomene

Trotz der bereits erwähnten positiven Faktoren haben sich im Laufe der Zeit einige Probleme verfestigt, die den Mangel an Bereitschaft zur Kooperation zu erklären versuchen. In den nächsten Abschnitten werden ausgewählte Phänomene erläutert.

- **Der Hans, der macht's dann eh'-Phänomen**

  Dieses Phänomen nach Renkl (1995) ist vielen Lehrpersonen bekannt. Einzelne Gruppenmitglieder sind demotiviert und ruhen sich auf dem Fleiß der anderen aus. Hier ist es empfehlenswert, die einzelnen Aufgaben so aufzuteilen, dass für die Lehrperson ersichtlich bleibt, wer welchen Beitrag geleistet hat. Der Zusammenhang zwischen den Teilaufgaben muss trotzdem bestehen bleiben, um der Form des kooperativen Lernens gerecht zu werden (vgl. Konrad, Traub 2012, S.43).

- **Gruppenarbeit-nein danke-Phänomen**

  Beim kooperativen Lernen treffen verschiedene Individuen aufeinander, die unterschiedlich ausgeprägte Kompetenzen und Lernstile aufweisen. Diese Heterogenität innerhalb der Gruppe kann oftmals Probleme und Lustlosigkeit hervorrufen. Solch eine negative Einstellung führt zu einer abnehmenden Akzeptanz gegenüber kooperativen Lernformen. Um der sinkenden Bereitschaft von Gruppenarbeit entgegenzuwirken, können mehrere Lösungsstrategien ergriffen werden. Ein Beispiel hierfür wäre das Reflexionsgespräch, in welchem ein offener Erfahrungsaustausch aller Gruppenmitglieder stattfinden und eine Aufarbeitung negativer Erlebnisse am Ende der Arbeitsphase zustande kommen soll. Jedoch sollten die Schüler/-innen auch positive Ereignisse innerhalb der kooperativen Lernform ansprechen, damit sich ein positives Bewusstsein gegenüber Formen der Gruppenarbeit entwickeln kann (vgl. Konrad, Traub 2012, S. 44).

- **Kann und mag ich nicht, mach du- Phänomen**

  Dieses Phänomen wird laut Renkl (1995) oft als Matthäus-Effekt beschrieben. Dieser Effekt geht davon aus, dass jedes Gruppenmitglied bevorzugt die Aufgabenteile auswählt, die sie/er am besten bearbeiten kann. Dies führt dazu, dass bereits erworbenes Wissen verstärkt vertieft wird, während

Lerninhalte die schwerer zugänglich sind nur oberflächlich oder gar nicht gelernt werden (vgl. Konrad, Traub 2012, S. 45).

5. Persönliche Erfahrungen aus dem Schulalltag

Aus unseren persönlichen Erfahrungen, die wir in diversen Praktika sammeln durften, können wir schlussfolgern, dass die Grundlage jeder kooperativen Lernform die Motivation der Schüler/-innen ist. Entscheidend dafür ist die Lehrperson: sie ist dafür verantwortlich, die Aufgaben schüler- und themengerecht auszuwählen, sodass sie die Interessen der Klasse und zudem die Präferenzen der unterschiedlichen Schüler/-innenansprechen. Ein direkter Lebensweltbezug ist von großem Vorteil, um Lernen erfolgreich zu gestalten. Ein weiterer wichtiger Aspekt ist aus unserer Sicht die Wahl des Themas, da nicht alle Themen zum kooperativen Lernen geeignet sind. So gibt es beispielsweise in der Geographie eine Bandbreite von Themen, die sich in dieser Lernform gut umsetzen lassen und sich die Zusammenarbeit oftmals als erfolgreich erwiesen hat. Wichtige Faktoren sind auch Zeit- und Methodenwahl. Die gewählten Aufgaben sollten im vorgegebenen Zeitraum erledigt werden können und die Schüler/-innen auf verschiedenen Ebenen fordern. Dabei sollte die Methodenwahl nicht außer Acht gelassen werden, da abwechslungsreich gestaltete Gruppenarbeit die Motivation und Aufmerksamkeit der Klasse meist besser aufrechterhält.

Positive Erlebnisse zeigten sich im Stolz der Schüler/-innen, als sie ein Thema selbständig erforscht und entwickelt hatten und anschließend präsentieren durften. Der spielerische Zugang zu den Themen durch kooperative Lernformen sorgte bei den Lernenden für einen besonders großen Anreiz. So konnten sie zum Beispiel in die Rolle der Lehrperson schlüpfen oder wurden zum Experten für ein Thema benannt, wodurch sie sich als wichtiges Individuum für die gesamte Klasse fühlten. Allerdings sind uns auch negative Beispiele aufgefallen. Das Phänomen „Der Hans, der macht's dann eh'" ist eines davon. In allen Klassen gab es Schüler/-innen, die sich auf dem Fleiß der anderen ausruhen anstatt ihren eigenen Lernerfolg voranzutreiben. Auch das Beispiel „Gruppenarbeit, nein danke" zeigte sich hin und wieder. Manche Kinder waren abgeschreckt von der Zusammenarbeit mit ihren Kameraden/-innen, weil sie entweder Angst davor hatten, übergangen zu werden oder aber im anderen Extrem befürchteten, in ihrem Lernfortschritt gebremst zu werden.

6. Fazit

Kooperatives Lernen als Schlüssel für erfolgreichen Unterricht? - diese Frage haben wir versucht mit Hilfe der Literatur und unseren eigenen Erfahrungen zu klären. Somit gelangen wir am Ende unserer Arbeit zu dem Schluss, dass diese Frage nicht mit einem einfachen Ja oder Nein zu beantworten ist, da mehrere Faktoren eine entscheidende Rolle spielen. Um diese Lernform erfolgreich umzusetzen, muss man die Heterogenität der Gruppe als auch das Individuum an sich beachten, da beide Faktoren in Abhängigkeit zueinander stehen. Auch die externen Faktoren wie beispielsweise Aufgaben, Ziele und Anreize dürfen nicht außer Acht gelassen werden und müssen auf die oben genannten internen Faktoren abgestimmt sein. Ein weiterer wichtiger Punkt für die effiziente Durchführung ist der offene Umgang mit Problemen und die gegenseitige Absprache von Erwartungen und Zielen. Insgesamt lässt sich sagen, dass durch die genannten Faktoren unter Berücksichtigung der erwähnten Schwierigkeiten kooperatives Lernen erfolgreich gelingen kann, wenn das Thema der Unterrichtseinheit dafür geeignet ist. Letztendlich dringt dieses Konzept zunehmend an die Schulen durch, gewinnt an Popularität und wird immer mehr von Lehrpersonen in unterschiedlichen Klassenstufen und Fächern angewandt.

Quellenverzeichnis

- Duden online (o.D.): Kohäsion. [Online unter:] http://www.duden.de/suchen/dudenonline/Koh%C3%A4sion [Stand: 16.07.2014]
- Konrad, Klaus; Traub, Silke (2012): Kooperatives Lernen. Theorie und Praxis in Schule, Hochschule und Erwachsenenbildung. Baltmannsweiler: Schneider Verlag Hohengehren.
- Lexikon online für Psychologie und Pädagogik (2012): Gruppenpuzzle. [Online unter:] http://lexikon.stangl.eu/4593/gruppenpuzzle/ [Stand: 16.07.2014]
- Schnebel, Stefanie (2003): Unterrichtsentwicklung durch kooperatives Lernen. Ein konzeptioneller und empirischer Beitrag zur Weiterentwicklung der Lehr-Lernkultur und zur Professionalisierung der Lehrkräfte in der Sekundarstufe. Baltmannsweiler: Schneider-Verlag Hohengehren

BEI GRIN MACHT SICH IHR WISSEN BEZAHLT

- Wir veröffentlichen Ihre Hausarbeit, Bachelor- und Masterarbeit

- Ihr eigenes eBook und Buch - weltweit in allen wichtigen Shops

- Verdienen Sie an jedem Verkauf

Jetzt bei www.GRIN.com hochladen und kostenlos publizieren